Cho Seung-Rae

시인 조승래

내 생의 워낭 소리

시인 조승래 趙勝來

1959년 함안에서 출생
『시와시학』으로 등단
가락문학회, 함안문인회, 시와시학 동인
(주)한국타이어 상무이사로 퇴임
현재 (주)아노텐WTE 대표
경영학박사(중국 상해교통대학)
시집 『몽고조랑말』(동학사)
수필 『풍경』(미지애드컴)

E-mail: choscr518@hotmail.com

내 생의 워낭 소리

지은이 | 조승래
펴낸이 | 김재돈
펴낸곳 | 도서출판 시와시학
1판1쇄 | 2011년 1월 30일
1판2쇄 | 2011년 2월 20일
출판등록 | 2010년 8월 10일
등록번호 | 제2010-000036호
주소 | 서울 종로구 명륜동1가 42
전화 | 744-0110
FAX | 3672-2674

값 8,000원

ISBN 978-89-94889-04-7 03810

조승래시집

내 생의 워낭 소리

Poetics 시학

■ 시인의 말

밤이면 낮을 낮이면 밤을
겨울에는 여름을 여름에는 겨울을
그렇게 꿈꾸어 온 변화

나침반의 양끝처럼
끝내 동시 만남이 안 될 때에는
하나를 놓아야 자유로워지는 것

죽음에서 벗어나야
비로소 삶이 손 안에 들어오듯
어둠을 놓으니 빛은 저리 희구나

개미 발걸음
모래 한 알도 태산만하고

2011년 1월
조승래

차 례

제1부 밥을 캔 것입니다

제2부 정읍을 지나며

제3부 내 생의 워낭 소리

제4부 시계가 운다

제1부

밥을 캔 것입니다

목련 유사遺事

물오른
봄날
옥양목 치마
훌렁 젖히고
하늘 향해
볼일 보는
눈부신
속살 아래
새댁이 앉아
첫아이
젖 물리는

밥을 캔 것입니다

어둠속 감자꽃 아래
잠자고 있던
밥공기 같은 감자를 캔 것입니다

나는 꽃은 딴 게 아니라
감자나무를 뽑은 것이고
그 아래 밥을 캔 것입니다

막장에서 석탄 캐듯
먹어 썩어지면 연료가 될
밥을 캔 것입니다

남몰래 하느라
풀벌레 소리에도 식은땀 흘리며
조용히 하라 조용하라 빌었습니다

밭돼기 한 뼘 없어
어슬렁거리며 오는 이들을 보고

나는 감자를 들고

빼앗기지 않으려고 도망을 쳤습니다

저녁 밥상

걸어 퇴근길 20분
토막 갈치 굽는 냄새

반기는 얼굴 앞에서
의기양양한 모습으로
와이셔츠 단추를 풀고
걸린 것마저 쭈욱 뽑아내면
군화 끈처럼 축 늘어지는 넥타이
장엄한 하루의 휴식 기다린다

갈치 내장을 뽑아내며
아내도 하루를
그렇게 정리하고 있었나 보다

알맞게 바다를 구워 낸
아내의 밥상
그리운 진수성찬

목욕탕 풍경

어린 손자의 몸을 씻기며
옛이야기 들려주시는 할아버지,
아들 목욕 시키듯 정겹다

손자가 할아버지의 등을 밀 때
고사리 손이 간지러운 듯
할아버지 연신 웃는다

어린 손자의 눈에 비친
할아버지의 휘어진 등
세월이 앉았다 간 자리임을 알까나

세월의 무게에 조금씩 굽은
할아버지 등에서 척추 곧게 세운
아버지의 땀을 읽는
손자의 손길 대견스럽다

반딧불이

한여름이었네 까아만 밤을 낮게 낮게 날며 싸라기별 뿌리듯 깜박이는 불빛 한 점 손 위에 내려앉아 오호라, 어둡고 습한 곳 떠돌던 개똥벌레 꽁지, 보면 볼수록 너무 밝아 눈 또록또록 뜨고 꿈의 싹 틔우며 가슴 떨던 여름 있었네

가난의 땟국조차 다디단 추억이던 기적 소리 아련히 울려오면 애틋한 그리움도 성큼 자라 쉰 고개를 넘어가는데 고향의 길섶엔 모기들 기승이고 그 싸라기별들 이제 내리지 않네

방향지시등처럼, 중환자의 평온한 맥박처럼, 수없이 내일의 푸른 별 나리고 나려 나를 길러 내던 어제의 그 개똥벌레 지금 어느 돌담 틈새에 씨앗처럼 숨어 나오잖는지 하도 세상엔 별빛보다 더 큰 별의 빛들 많아 마중물처럼 앞장서 길 낼 등불 되기 스스로 외면하여서인지

배냇소

투시경도 없이
지아비인 양
여물 씹는 어미 소 보며
불룩한 배를 만진다

맑은 눈 끔뻑이며
꼬리 쳐 파리 쫓는
여유 앞에 감히
내 것이란 말 한마디 못하고

암송아지 줄까 수송아지 줄까
음메—
암송아지 낳아 주면
여물 한 망태 더 주지
음메 음메—

딸기

자갈밭에서
실뿌리 끝으로 얻은 감로수 한 모금
마시고 토한
핏방울

송송한 구멍으로
땅의 내음 아득한데

저놈의 벌 떼
벌써 사람보다 먼저
피 냄새 맡았구나

그리운 호수

왔다, 몰아내자
두런두런 쿨렁대며
밀쳐 대던 호수

물소 같은
산 그림자 하나로만도
가득해져 홀로
넘쳐흐르는

아무것도
만져지지 않던
텅 빈 가슴속이
짧게, 짧게 불러 본
그 이름만으로도
밥물 끓듯
좋아 터진다

세월아

늦은 낮잠 자다가 홀로
놀라 달려 나가 보면
저녁밥 준비하는 어머니
부엌에 서 계시고

10년 만에 만난 듯 달려가
치마폭에 얼굴 파묻고 칭얼대면
겨드랑이로 들어온 두 팔에
작은 몸이 하늘로 솟았다

그 포근한 회전목마에 매달려
허공에다 물장구치면
더 받아내어야 할 것이 없던
그날이 창가에 어린다

커튼 자락 만지작거리며 바라보는
도심의 어둠 속으로

폭주족들은 무어 그리 억울한지
살붙이 의절한 양 땅을 할퀴며 질주한다
갈 곳도 없이
가도 또 되돌아 올 거리에서만
맴돌이하는 시계추인 줄 모르고

커튼 자락 놓자
내 등 뒤를 가만 안아 주는 아들 녀석
얼굴 파묻는 것은 아비랑 똑같구나
손에 꽉 쥐고픈 이 세월아

노오란 기쁨

우물 옆 개나리들 모여
마당 구석 홀로 선 산수유 향해
왜 흉내 내느냐 빗발치는 항의를 한다

바람 따라
황포 펄럭이며
그저 하늘 보고 웃고만 있다

개나리들 떼거리로 모여
입 뾰족 내밀고 삿대질 치니
수유꽃 껄껄 웃으며

우리 사이 번갈아 놀던 저
나비 꼴 좀 보소
세상 온통 노랗게 물들었는데
시침 떼는 저 날갯짓이라니

초상화

박물관 전시장의
빛바랜 그림 한 장

지긋이 볼수록 스쳐 지나간
삶의 자국 켜켜이 일어난다

생전의 기억을 더듬으며
마주 선 나도 결국
저 흔적처럼
이마의 실개천 맑을까

누가 내
부끄러운 그림자까지
그려 낸다면
나의 초상화
저렇게 오래
전시되랴

실개천 흐르다

실비가 내려
실비가 내려 실개천에 실비 내려
팥죽 끓듯 기포로 보글보글 끓다
비 맞는 풀잎들 신나서 살랑살랑
하늘에서 뿌려 대는 물 싸라기 먹으려는
송사리 송사리 떼 입 쫑긋대다
발바닥에 물 젖을까 봐 소금쟁이들
바삐 뛰어다니는 골짜기 작은 골짜기
하늘에서 땅까지 안개 자욱한 날
아득히 멀어 아픈
동자승의 그렁그렁한 눈물
똑 발등에 떨어지다
하늘까지 갔다가 되돌아온
그리움도 그 발등에 떨어져 토독 깨어지다
실비 내려 실비 내려
실개천 흐르다

봄나들이

봄이 또 왔어요
하늘에는 종달새가 조잘거리고
땅속에는 생명들이 기지개를 펴고 있어요

흙이 제 몸에 박힌 얼음 녹이고
포실포실 펼쳐서 겨우내 머물렀던
여린 싹 뾰족뾰족 숨 쉬도록 해 주네요

어머니 가꾸시던 그 텃밭에서
해마다 돋아나는 새 이파리 싱그럽고
뻐꾸기 울음소리 붉게 메아리치더니
그리움 묻은 바람 한 줄기
풀 내음 타고 오네요

아, 어머니도 함께 오셨군요
그리워 고향 땅에
봄나들이 오셨군요

벚꽃

어서 내려오라,
꼬마 아이가 부르는 소리에

꽃가지는
하늘 하얗게
산란을 한다

천만 송이 펼치고
집단이주하는 행렬이
눈 시리다

모은 두 손에 쌓인 눈송이
호오 불며 뛰노는
이 봄밤
나도 산란의 꿈
부화한다

감나무

아슬하게 달린 붉은 감
급히 따 먹은 가을 더위 탓을
이 모르는 푸른 것들
제 몸 다 시들도록 시샘이라니

귀 막은 그들 앞에
무수한 언어의 시체들 부질없이 쌓여
아예 옷 다 벗어 보인다

껍질 벗기는 바람과
따가운 눈보라 앞에
당당히 밝혀지는 무죄

세월의 주름 비집고
아무 일도 없었다는 듯
가지마다 눈 뜨는
저 보송송한 잎눈들

봄날의 명상

알에서 애벌레로 변신하고
몇 날 며칠을
세상과 담쌓고
침묵으로 명상하는 어느 날에

나는 과거의 내가 아니다
허물 걷어차고 나온 나비
망토 펄럭이며 하늘을 난다

잠자리채 들고
뒤따라 달리던 소년
노오란 장다리 꽃밭에서 뛰쳐나온
벌침 세례 받고는

종아리에 침 바르고
독한 맛에 몸서리치며
"나비 잡으러 가는데
벌이 왜 나서 쏘느냐?"

소년이 묻는다

커다란 물음표를 폈다 오므렸다
큰 날갯짓만 하는 나비
솟아오르는 아지랑이 너머
어머니는 아무 말이 없다

귀향

멍에 떼어 내려
호수 위 바동대다가
발차고 솟아 오른 하늘
깃털처럼 물방울들 쏟아져 내린다

내 눈물 더 보탤 일 없으리
희도록 털어 낸 다리
가슴에 접고
캄캄한 어둠을 뚫고 날아간 곳

컨베이어 벨트 위에 앉힌 것처럼
밀려 떠난 고향은 벌써 타향에 가 있고
타인이 슬며시 다가와 아는 체 웃는다

그 시절 바꿔 먹을 수 없어

구리 탄피 주워 들고
호박엿 박하엿 바꾸면
엿장수 가위반주
절로 신 났어

그 포탄 터졌을 때
찢고 나갔을 살점
고막 찢는 울부짖음
산하를 흔들었어

아무것도 모르고
엿이나 먹던,
엿 아니고는 단것 없던
그 시절 바꿔 먹을 수 없어

입영 전야

늦도록 밟으면
쑥 인절미 꽃무늬 생길 만치
보슬비 내리는 밤

날 새면 둥지 떠나보낼 아들 생각에
속옷 또 개며
논산행 기차표 만지작거린다

저 비에는
호미 들어야 하는 날인데

불 끄고 그만 자거라, 아들아
안쓰러운 에미 목소리
낮게 건너온다

예, 어머니 먼저 주무셔요
밝고 우렁차게 대답하는 아들
어머님 전 상서, 편지를 쓰고

땅속에는
겨우내 아무 일 없었던 듯
새순이 한 치 더 돋아나는

제삿날

벼농사 짓느라
천수답에 물 퍼 담던
그분 빈 자리에

김 모락모락 나는
쌀밥 한 그릇 올려도
수저는 움직이지 않고

밥인들
죽인들
물인들
더 이상 찾지 않는데

겨자에 톡 쏘인 듯
쌀알만한 눈물샘에
온 방 안 적시는 눈물
그리 가득할 줄이야

회상

굽어진 길가의 꽃이
더 선명하여 되돌아보듯

문득 스쳐 지나간
여인의 뒷모습 되돌아보면

회상의 책갈피엔
뜨겁고 부끄러운 기억이
삶의 모퉁이에서
매듭을 푸는데

아직 채 못 푼 길은
아득한
그리움으로 남고

비밀로 해 주오

나는 당신이 어디서 왔다가
어디로 가시는지 모른다는 사실
비밀로 해 주오

당신이 온 날 기뻐했고
당신이 가시는 날 슬펐고
그때 마신 게 물이 아닌 것도
손수건으로 닦은 게
물이 아니었던 것도
정말 비밀로 해 주오

언젠가 내가 당신과 만나
기쁨과 슬픔을 함께하리라는 것도
정말정말
비밀로 해 주오

제2부

정읍을 지나며

한 잔의 차

관솔불 켜고 밤길 가야 하거들랑 솔잎차 한 잔 들고 가셔요 물방앗간 임 만나러 가거들랑 풀냄새 가득한 녹차 한 잔 들고 가셔요 오랜 임 가을까지 기다려야 한다면 국화차 한 잔 드셔요 녹차도 국화차도 제 정수리 받쳐서 우려낸 거랍니다 아프려면 같이 아파야 해요

기쁘고자 하거든 살짝 입술 적셔 음미하셔요 깨끗한 다기에 정성껏 담은 차 한 잔이 다 녹여 준답니다 그렇게요, 천천히 아주 천천히 드시고 찻잔 놓듯 모든 상념 다 놓으셔요

깨의 일기

칠팔월 뙤약볕에 껍질 다 타 들어가도
가지런히 누워 깨워 주길 기다렸다

자유는 제 마음대로 주어지지 않는 것
성급한 놈들 문 열고 뛰쳐나가더니
개미에게 끌려가 매장되었다

놈들이야 가든 말든
비와 햇살과 바람과 그리고 약간의
시간이 서로 타협하여 날 받자
어진이 할매 회초리 들고 등장했다

일흔이 넘도록 목줄 걸고 농사짓는 할매
야윈 손목 아플라 도와드리자, 탁!
단번에 열린 문으로 일제히 뛰쳐나가는 벗들
장렬하였다

가을도 가고 뒤란 시래기 서걱대는 날

냄비에 들들 볶여 절구질 당하였다

할매를 위하여 할매의 입맛을 위하여
우리는 스스로 공이 아래로 뛰어들어 살신하였다

으깨진 우리들의 피똥을 비벼
어진이 할매 비빔밥 해 자신다
우리들도 참 고소했다

정읍을 지나며

정읍 벌판에 내리는 눈은
세상을 우물 같은 침묵으로 만들고
그 무게에 마을은
두레박처럼 깊이 가라앉았다

눈과 바람의 아득함 너머로
나뭇가지는 무슨 형상으로 흔들리고

무덤 속에는 아직 꿈틀거리는 그해 죽음이 있었다
눈에 길이 막힌 봉분들은 몇 번인가 오래오래 울었다

내일이면 세상은 다시 태어나리라
정읍의 어린 누이들도 새 단장을 마치고
이불 속 봄을 이야기하리라

눈 속을 날아가는 한 무리 새 떼가
활처럼 휘어졌다 다시 펴진다

편지

네모난 곳에
가로로 채운 편지
둥글게 읽히고
세로로 쌓인다

수십 년
보내지 못한 사연
낙엽처럼 차곡차곡
저미어진다

우체부 기다리듯
메일 사서함에
오늘 또
기웃대며

생의 셈법

개똥밭에 굴러도 이승이 좋다는 말
꼭 옳다고 할 수 없어요

모든 생은 무한궤도처럼 돌고 있으므로
비록 이승을 짧게 머물다
저승으로 넘어가더라도
이승과 저승의 합을 한생이라 해요

하루살이의 하루 산 이승의 삶과
거북의 천 년 산 이승의 삶으로
누가 더 오래 살았다 할 수 있으리
저승의 삶을 합해야만 정답이고
그래서 삶의 길이 모두 공평한 것

어려운 것은 저승의 셈법,
1, 2, 3, 4 아날로그 셈법으로는
어림도 없이 어려운 것이라서

그 합산을 못 끝낸 가엾은 아버지,
어머니 셈 도우시러 가시곤
아직 못 오시는군요

아 아버지, 어떻게 하는 산술인지
먼저 가신 분들에게 좀 물어보셔요

해가 뉘엿뉘엿 지고 있는 이 여름날
잠깐 좀 다녀가셔요 저에게
이승에서 빼어야 할 날이 얼만지
좀 알려주셔요

어려워 까마득한 저어기 그리운 이들의
셈법은 아예 시작도 안 하려고요
이승의 뺄셈을 날마다 기쁜 날로 환산하면
덧셈이 된다는 것
이것 지금 알려 주려고요

하늘

그 누구에게도
뿌리 내릴 한 뼘 공간도 안 주는 하늘을
인색함에 지친 유성
홀로 단호히 떠나자
잔별들도 깜박깜박 갈등한다
말갛게 적막한 창공이 되고자
발 달린 모든 것을 거부해도
그 모르는 기러기 떼
땅을 차고 솟는다

테킬라

레몬 섞은
테킬라 한 잔 마시고
손등에 뿌린 소금 핥으며

남미의 선인장 가시가
입 안에서 돋는
오늘이 끝이 아닌 밤

짠 땀 한 방울 안 흘리고
땅 일군 뒤 휴식처럼
빈창자 타고 흐르는 불덩이 즐긴다

농부도 아닌 것이
농주를 마신다
타향을 마신다

해빙기

관악산을 채색한 햇살이 초여름을 데우는 푸른 아침 한강에 소빙하기가 온다 해도 아파트 구석구석에서 다시 나오는 사람들 모습 기쁘고 명랑하다

불장난으로 강산이 화약 냄새 풍길까 밤새운 근심도 저 확 트인 눈 시리도록 밝은 모습, 시계視界 34km의 날 앞에서야 괜한 걱정이다

빛만 있으면 온통 삶이 꿈틀거리고 사람들의 발걸음 저리 가벼우니 빙하기가 온들 마음이 여름이라면 두려울 게 무엇이랴

해와 달

어두움에 찌든 황혼이
끌려가듯 넘어간 뒤
적막 속을 선회하던 깃털 하나 툭
떨어진 연못에서
놀란 얼굴이 젖은 채 솟아오른다

황망히 먼 길 가는 모습에
갑작스런 부음 받은 듯
물결은 한참을 떨었고
유유자적하던 구름도
멋쩍은 듯 길을 비켜 준다

오기 전부터 먼저 자리를 양보하며
한자리에 머무르길 거부하는
해와 달의 끝없는 무소유 정신
둥글고 밝나

황토방

타박한 밤고구마 고향은
황토밭 호미길 따라
무등산 수박이 살다 간 곳

우리 고향은 땅속 생명들의 고른 숨
깊은 잠 깨우고 펴 온 흙더미에
땀으로 반죽하고 그리움으로 도배된

기쁨도 슬픔도 나눌 것 없는
멀수록 발 구르며 가슴 치는
아득히
붉은 방

정월正月의 봄

새해 첫 달의 달력을 펼치면
바람결에 날려간 하얀 눈송이 빈 자리에
뜬눈으로 밤을 새운
새악시 설렘 같은 새싹들

침 발라 뚫은
창호지 구멍으로 바깥세상 보듯
바늘 귀 쫑긋 열고
햇살 포르르 날아오는 소리 듣는다

탱자

찔린 자들은
스스로 와서 찔렸을 뿐
바늘 끝 하나 까딱한 적 없는데
경계하라 하니

더 푸르뎅뎅하지요
서로 겨냥한 가시가
그물망 되어
바람만 지나가게 한
인색함이 잘못이라면

우리가 만든 울타리에
그냥 줘도 안 먹을 쓴 탱자로
장단고저 노란 악보 만들어

바람의 소리로 노래하고
나비 한 마리 춤추게 하리니

순종

매끄러운 이파리가
땀방울 송송해지도록
받들어 모신 것이 연꽃이더라

꽃이야 과거 다 잊은 듯
눈길 한 번 안 주어도
아랑곳없이 이파리 더 넓게 펼치더라

두 손 모은 이의 기도는 꽃의 귓전에만 찬양하고
수면에서 떠받치는 몸부림은 알지 못하더라

알든 모르든
뚫린 줄기에 고인 물 쏟으며
수면의 파문 따라 일렁이더라

얼굴에도 세월에 맞춘 주름이 지고
그 고랑 다듬노라 거울 한 번 더 당겨 보더라

천직天職

"꽃은 다 헛것이다
살찐 뿌리가 진짜지
뿌리 없으면 근본도 없어
그 토실한 뿌리 아래 하찮은
실뿌리들 무슨 낙으로 살까나"

인삼 농사짓는 농부 말에
담쟁이 어린 줄기가
배밀이 멈추고 뒤돌아본다

실 줄기 뒤로 보아 뱀 같은
굵은 줄기들이 제각기 우산 쓰고
거드름 피우는 모습 보인다

"어떻게 개척된 담장인 줄 모르는구나
선두에 선 무리들이 용감하게
앞만 보고 뻗어 나갔기 때문인데도"

여린 실줄기의 아픈 한숨 소리 듣고
실뿌리도 한마디 내뱉으며
“6년 농사지으면서 그것도 모르는가?”

땅속 자갈길 마다하지 않고
힘줄 뻗쳐 가던 길
또 간다

소리의 여행

냉기가 종아리를 죄어 오는 새벽
매미 울음 이제 그쳤나 했더니
귀뚜라미란 놈 이어받아 울었다

푸른 은행잎 부채질 그만두고
돌 틈새로 소리의 배턴을 던진 뒤였다

쩡쩡 얼음 우는 소리 잠잠해지면
봄볕에 녹아 흐르는 낙수는
땅속에다 똑똑 소리로 안부 물을 것

(일어나라 개구리야
너를 깊은 잠에서 건져 내려 하노니)

계시 같은 소리에 선잠 깬 개구리
볼 볼록볼록 대며 소리를 연습하리

아무도 제 소리 저장해 둘 수는 없어

지나간 소리의 꼬리 향해 달리는데

내 소리 멈춰야 할 시간 알고
뒤따라오는 소리 기다리노라 잠시
머뭇거리나니

안개 같은 메아리
아아 늑윽 히이
피어오른다

산

검은 소
밤새 되새김질이다

날 새자
먹은 풀 온몸에 다시 돌아
구름 풀어 놓다

산새
들락날락해도
웃기만 하더니

노을 속에 워낭 흔들며
밤을 향해 뚜벅
뚜벅
걸어가고 있다

날개 달린 소리

불침 같은 햇살 피해 들어선 숲속에 소낙비 쏟아져 내리는 소리 한꺼번에 저리 울면 제 사랑이 어느 놈인지 서로 알기나 할까

짧게 남은 시간일지라도 생명 이을 거사를 치르기에 충분하다는 절창 저 날개 달린 소리의 카타르시스 때문에 온갖 상념들 덩달아 싸악 씻기어 간다

바람은 망사 같은 매미 날개 사이로 아무 거리낌 없이 지나다니고 큰 나무 그림자 꾸욱 밟으니 그늘 외에는 어떤 생각도 스며들지 않는 산속의 오후,

천국이다

하루를 보내며

온 누리 빛을 쏘아 알곡 익히고
하루를 휴식하려 넘어간 서쪽 하늘
노을은 붉은 차일을 끌며 이내 사라진다

온종일 그 곡식 챙기느라 땀 흘리고
귀가 길에 포장마차 들러서 목 축인
그의 얼굴에도 금세 노을이 번진다

빛이 지나간 자리에
또 새로운 빛을 채우느라 가로등불 들어온다

빛은 어두움으로 반응한다는 것을
아둔한 마음으로 깨닫는 데
오랜 세월이 걸렸다

동굴 속 어두움도 천천히 빛을 먹으면서
하얗게 성장한다

단번에 태양을 먹으려고 육안으로 덤볐다가는
섬광이 번쩍하며 먹물을 쏘아서
절망처럼 깜깜해지니

가로등 불빛도 실눈으로 바라보는
그의 신중한 몸 가누기는
새날을 위한 경건한 기도이다

낯선 여행

먼 이국으로 그대 여행 떠난 뒤
고향에서 홀연 이방인 되다
오이꽁지 베어 문 어둡고 긴 밤
슬픔 장마로 다 쏟아 버리면
회색의 저 허공에는 무엇이 남을까

죽비 맞은 동자승처럼
눈두덩이 문지르고 바라보는 별똥별
아마도 그리운 이가 등장할
그 시간인 모양인데

간도 쓸개도 없다는 피에로
찢어지게 웃는다

제3부

내 생의 워낭 소리

눈물

남의 눈물이라도
내 눈에 잡히면
이내 회초리이다

이리 아파하는데
어찌
남을 울리랴

입술 꼬옥 깨물어도
귀로 느끼는
소금 맛

땀에
젖은 하얀 울음

넥타이

칼날처럼 주름 잡은
하얀 와이셔츠 입고
동트기 전부터 거울을 보며
생의 마지막인 듯
장엄하게 목에 줄을 건다

아무런 두려움도 없이
목을 꽉 조였다가
끈의 뒤에 줄줄이 매달려 있는
그들의 얼굴이 거울 속에
사진처럼 인화되어 나오는 걸 보고
환히 웃으며
집을 나선다

이 끈은 호박넝쿨 같은 것
당기면 줄줄이 따라오는 기쁨 있으니
주말에나 풀어 쉬고 싶은

탱탱한 이 손맛
잊지 못한다

수렵사회의 귀가

어두움이 거머리처럼
대낮의 기억을 빨아 댄다
끝없는 터널 저 멀리까지

거리에서 오래된 활자로 뉴스가 팔리고 있다
지난여름 모든 구호들은 시들어졌다

꽁초 끝
보랏빛 소멸을
문득 바라본다

제 그림자를 밟으며
사라진 과녁 속으로
쓸쓸히 귀가하는 원시인

오늘도 멀리
막차가 지나간다

등대

하늘에는 별이,
대왕암엔 등대가 길 안내합니다
늦은 배 한 척 나지막이
항구로 들어갑니다
높은 하늘 길보다는 가까운
물길 열며 찾아갑니다
등대는 뜬눈으로 밤을 새우며
쉼 없이 돌고 돌며 둘러보는데
그 배만 유일하게
깜박이는 등대라고 부릅니다
하기야 깜박이지 않으면
그 배가 제대로 찾아가
정박이나 하겠습니까

미련

작은 별 하나도
못 안는
이 가슴에

저렇게 큰
보름달
통째로 숨기겠다니

그 눈망울
놓인 자리
아직도 탱탱한데

산에서 바다로

가끔 고된 숨 쉴지언정
벗들과 대화하며 가는 산행은
기다린 듯 숲에서 뛰쳐나오는
산새들보다 더 즐겁다

두 발, 세 발, 네 발로 오른
정상에 서서 호연히 바라보면
먼 데 있는 더 높은 산도 낮아 보이고

환희 넘치는 정상에서
쿡쿡 눌러 보는 땅 저 아래
지치기 전부터 밟아 왔던 땅 아니더냐

활강하는 솔개의 등을 바라보니
그 매섭던 부리와 발톱 간 데 없고
산등을 적신 땀 냄새 풀풀
저어기 아득한 바다로 날아간다

사랑하는 이유

사랑하는 이유를 묻는다면
사랑받는 것보다 훨씬
편안하고 부담감 없어서

사랑을 하는 사람은
사랑을 받는 사람보다 더
오래 산다는 거 모르는 이 누가 있으리

살아온 세월 중 받은 것 제하면 나머지 모두가 사랑한 것인데 수많은 사랑 중에서 밤새도록 가슴 앓던 그 사랑 어찌 잊으리 노트르담의 꼽추 카지모도처럼 공시창 지하 어둠 속에서 몸이 재로 변할 때까지 사랑하는 거 아닐지라도

냉방에서 홑이불로 동지섣달 넘기듯 얼어 저려 오는 가슴에는 응어리 하나 자라나던데 사랑은 나이를 먹지 않아 어려서 한 사랑이 나이를 먹어도 그만하게 자리 잡고

그래도 할수록 가벼워지는 것
베푸는 사랑이 받는 것보다 더 풍부한 거
모르는 이 또 누구 있으리

파종하듯 모두 사랑병 들도록
사랑의 전염병 골고루 퍼뜨리면
사랑은 싹을 낳아
영생을 준다는데

종자를 위하여

어느 슬픈 영혼처럼
허공에 날린다
씨방 폭발하여
목숨의 뿌리 내린다

더불어 살자고 입 벌린
수많은 지상의 유혹을 거부하며
나비처럼 앉았다가
물잠자리처럼 또 날아간다

가벼워 부질없음이여
너는
어느 설레는 낯선 마을에
낙하하는 한 잎 구름이거니

바람 드센 어느 변방
질 좋은 흙 한 줌 있다면
한 뜸 한 뜸 수놓으며

내 온몸을 맡겨도 좋으리

그렇게 천 년
또다시 천 년쯤

내 생의 워낭 소리

처음부터 나는 워낭 하나 달고 길들여졌다 다른 워낭은 절대 달지 않고 한 워낭만 고집하며 내 존재를 댕강댕강 입력해 왔다 워낭은 내 주민등록증이다 도살장에 갈 때까지 나는 죽자고 한 워낭을 달고 소리를 조율하는 것이다 워 워어! 서야 할 자리에서 나는 서야 하고 이랴! 가야 할 때 나는 가뿐하게 가지만 내 생의 일기는 절대 긍정으로만 끝나지 않았다 외양간에서거나 작업장에서거나 나는 늘 내 임금만큼 꾸벅거리며 소리로 내 뜻을 알리지만 단 하나 그 소리는 저울의 눈금에서 나는 소리가 아니다 언제인가 장꾼도 다 떠나간 쓸쓸한 내 생의 우시장 한 모퉁이

누가 나를 대신하여 피 묻은 워낭 소리 하나 수습하리

달팽이

버거운 하루를
산山 하나 지고 가는데
민달팽이 네가 부러워하는
이 짐 벗어 주지 못하고
찾아가는 그늘

알기나 하겠니

무임승차

당신의 기도하는 모습을
가만 지켜보면
다년초같이
오래 살 것 같다

생명의 연결고리 같은
염주알로 영생을 굴리는
선한 마음의 향기 오리오리 퍼져
주위는 행복하다

곁에 그저
서 있기만 해도
나는 무임승차다
내생까지의 빚
갚을 길 없는

균형

그리움도
사랑도
대칭을 이룰 때까지
아픔을 참는 것

균형을 잡으려는
무한의 날갯짓 힘들걸랑
차라리
멈추어 버리지

날아가든
가라앉든
결단나리

풋풋이
날아가는 깃딜 하나
꽃잎 위에 앉는다

삼각형의 이유

침묵으로 살다가 산은
비만 오면
임 낮은 오두막집 밥 짓듯
뜨거운 입맛 하얗게 뿜어낸다

세상사 무심히 바라보다가도
젖으면 참아 온 것들 슬슬 흘리고
그렇게 한여름 보낸 뒤
속내 들킨 부끄러움에 기어이
붉어진 몸 스쳐 가는
바람에게 다 맡겨 버린다

애당초 떠날 마음조차 없었던 듯
네 벌 옷 벗겼다 입혔다 해도
수천 년 한자리에 서서 말 한마디 없다

한 찰나 지나가는 나그네의 짧은 안목으로
그 까닭을 어찌 다 헤아리랴

저 산이 흔들림 없이 서 있는 것은
삼각형의 밑변을 알고 있기 때문

게임

먹이를 향해
탄환처럼 활강하는 몸짓
필생의 선택이다
발톱에 채이기 직전
날개도 접은 채 던져진 돌처럼
피하는 약자의 길
순간에서 순간으로
결코 대등할 수 없는
일방적 게임
허공에서
삶과 죽음을 마주한 채
맴돌이하는데
누구든
날개 펼치지 못하면
끝인데

난초

너에게서,
돌 틈새 안개 같은 물만으로도
거북처럼 오래 참아 내는 끈기를
정물화처럼 고요하되
향기로 은은히 적셔 주는 감동을
선이 분명하되 굽힘이 없는
절개, 그래서 솟아오르는 희망을
칼 다루듯 신중히 접근해야 하는
가장 원초적인 카리스마도
너에게서 배우고 내일 또……

화분에 모셔 놓고 내가
그 안에 갇혀 버리는 이 집착까지
먹물 흠뻑 적셔
화선지에 가만 옮겨 심고 싶다

분재

주림과 억압 속에
사지가 뒤틀려도

무거운 꽃 한 송이
유언처럼 남기리

아름다운 햇살
남아 있는 한

대지를 향한 꿈
잃지 않으리

텅 빈 하늘

비다
하늘에서 내려오는 저 물줄기

눈물 또한 비다
하늘처럼 열린 창문으로 흘러내린다

비 쏟아 낸
하늘이 그러하듯
눈물 마른
가슴도 텅 빈다

텅 빈 자리에
쌓이는 안개를 몰아내던 나비
지나가는 한 줄기 바람 보며
두어 번 날개 흔들어 보인다

해도 없는 빈 가슴이다

실타래

한 올 실을 잇고 이은
매듭 없이 만들 수 없는 옷을
태어나자마자 입었고

첫 돌에 집어 든 실타래로
장수를 축복 받으며 서로 얽힌
연줄로 평생을 산다

실이 그렇게 꼬였다고
다 나쁜 것 아닐 테지만
틈틈이 매듭을 짓고 가야만
더 단단해지는 세상사
탐욕도 매듭으로 일단락하고

지나치지 않도록 잠시
쉬면서 뒤돌아보도록
골목길은 그렇게 꼬부라진 것을

영생

봉숭아도
콩깍지도
터지면서 말했다

나는 아니라도 좋다만

너희들은
살아남아
좋은 땅에서
살 아 라

시간의 무게

고드름 끝에 매달린
한 방울의 물이
더 견디지 못하고 툭,
떨어진다

그 작은 부딪힘에도 상처받은 땅은
조금도 망설임 없이
물을 부수고 떨쳐 버린다

모두가 진정 참지 못하는,
철저히 도피하고자 하는 것은
한사코 따라다니는 시간의 무게

바늘 초침 가는 길에
바람 같은 하루가 따라가고
남은 달력장이 적을수록 더 무거워지는 세월
줄지어 달려온다

아, 누구든
저 시간의 추락을 늦출
낙하산 하나 달아 준다면
이리 허둥대진 않을 터인데

주문

벌판으로 뛰쳐나가서 태양을 만나고
돈키호테처럼 돌아와서 주문하노라

널려 있는 벌판의 저 알곡 거두어라
놀고 있는 무리들에게 쟁기 주고
배부른 이들에겐 산에 오르게 하라

거짓을 일삼는 자 고립시키고
간절히 기도하는 착한 이들에게는 떡을 주고
나보다 남을 더 돌보는 이들에게는 소를 주어라

남을 업신여기는 이들에게는
흘러가는 물줄기로 회초리 하고
풀끝의 이슬로써 세월의 흐름을 알게 하라

무지한 이들에게는 바람으로
귀 열어 주고 별빛으로 눈 시리게 하라
어두움 속을 헤매는 이들에겐 지팡이를 주라

사랑에 가슴 저려 하거든
타다 남은 재만으로도 충분함을 알게 하라
더 살고자 하는 이 있거든
창공의 구름을 보게 하라
그렇게 하라

치매

30년 전 기억 아득한데
어제 기억은 더 남은 게 없고
지금 무얼 하는지 모른 채
터벅터벅 발걸음 떼네

헝클어진 생각에
냉각되어 부서지는 기억들
도무지 알 수 없는 사물들이
눈앞에서 웃다 울다 가네

눈물 닦으며 손 만져 주는
그들을 모른다고 할 수도 없고
정말 까마득한 저편 너머
언뜻 본 듯 만 듯하기만 하니

그 참,
아무런 슬픔도 없는
굳이 화낼 것도 없는

나 닮은 이 어디 한둘이라야지

희로애락 잠시 만져본 거 외에
도무지 기억 없으니
늘 웃을 수밖에 없지 않은가
아는 체하는 이 앞엔 그냥 웃어야지

내가 누구인지를 알 수만 있다면
기억의 파편들 주워 담아야지
그리하여 미소 가득한
사랑, 사랑도 한 번 해 보도록

하루

하루라는 놈이 겨우
하루 사는 줄 알았는데
60년도 살고 백 년도 산다는 것이다

달랑 하루를 못 채우고 가는
숱한 생명들에게는
캄캄하게 긴 백 년이겠지만
햇살을 사랑하는 이의 하루는
하루나 백 년이나 그저 도도한 물결

굴렁쇠에 물려 서쪽 동굴로 해가 들어간 뒤
창공엔 창백한 밤이 한참을 서성이다가
여명을 걷으며 솟아오르는
눈부신 굴렁쇠를 다시 맞는다

반복의 이 기쁨을
하루라 부르기엔 너무 짧다

제4부
시계가 운다

흔들리는 그림자

소주 냄새 맞춤한 그림자 늦어 빈 골목
기침을 앞세우고 비틀대며
가로등 껴안고 볼일 보는 너,
너를 다른 가로등이 와서 멱살 잡고 끌고 간다

평생 개처럼 세상에 끌려다니며
한 번도 혼자 일어서 본 일 없었지만
울퉁불퉁하거나 꺾인 길도 너는
마다하지 않고 미장이질 하며 걸어오지 않았더냐

오늘도 늦은 귀가 길
낮은 담장 너머로 들려오는
저녁 식탁의 숟가락 소리 수런거림 속에
너도 가족처럼 혼자 조용히 흔들린다

흔들리는 모든 것들은 다 죄 하나 없다

어둠의 깊이

곡괭이로 땅속을 파고들며
언젠가는 지상의 직업을 갖겠다는
광부 앞에 놓여 있는 막장

발등 한 번만 찍으면
당장 실현되는 지상의 근무이지만
조심조심 땀으로 어둠을 뚫는다

지상의 반대 방향으로
자꾸 파고들어 가야만
겨우 보장되는 지상의 양식

새로 낸 어둠의 깊이만큼
땀의 무게는 저울의 눈금을 잰다
수당은 그렇게 지급된다

밀폐공포, 멀어진 햇살, 산소줄
이 모든 것들은 그저 복합함수일 뿐

나의 묘비는 항시 지상에 준비되어 있음이니

지상의 간절한 기도 소리 담긴 도시락을 열며
지하로 영원히 가는 날까지 나는
두 눈 부릅뜨고 곡괭이를 놓지 말아야 하리

옥수수

어느 산촌 처마 밑에
곱게 말려
나이 찬 처녀의
고른 앞니처럼 웃고 있었다

지난 초가을이던가, 남들처럼
농부의 작은 지갑으로 가지 못한 나는
내년엔 더 큰일 해야 한다고
축복받은 몸으로 그렇게
허공에 매달렸다

깜깜한 침묵으로
기다린 봄이 와
나를 찾는구나

이 하나 안 빠지고 기다린 나에게
이빨 두어 개뿐인 잇몸으로 웃는 농부
내가 오히려 미안하다

그는 아마 나를 묻고자 할 것이다
기뻐하면서도 기대할 것이다
혼자 가더라도
새 생명 더 많이 데려오라고

내 나이를 알까?
고루 웃는 치아로만
판단해서는 안 되지

지나온 날도 많지만
나를 찾는 이가 있으므로
햇살 아래 한참 더
탱탱하게 살아야 한다

저울질

세상이 사막화되어 가는 것이
어찌 내 잘못만이겠는가
나무를 그리 천대하고
물을 함부로 써 댄
책임은 나누어 져야 한다

오아시스는 아직 저 먼 데 있다

하늘에도 은모래 뿌려져 있고
별빛에 눈 맞춘 사막에도 같은
반짝임이 메아리치는데

두 공간에 어둠을 두고 빛이 다닐 수 있는 것은
한 알의 모래에도 꿈이 살아 있는 까닭

빛과 빛 사이 암흑이 도사리고
눈물과 눈물 사이 시간이 싹터
구름과 구름 사이 온갖 형상들이 몸단장하는데

악보와 색의 무희,
시의 생산을 위한 은유의 몸부림
빌딩 숲에는
불이 꺼지고 있다

새 한 마리 기류를 타고 이쪽저쪽의
방광도 없이 하늘을 날면서
삶을 저울질한다

여진餘振

참아 온 땅속의 신음 소리
진동하더니 붉은 마그마 토해 내고
천지 하나 백록담 하나 생겨났단다
(할아버지도 전해만 들은 얘기)

한바다는 그렇게 떨고
어느 땅은 간혹 흔들리고
벌판의 생명들은 산으로 달린다
(높은 데 가야만 산다고)

후들거려서 혼자로는 감당할 수 없어
그들의 손을 꼬옥 잡고 섰는데

하느님이 만든 것이라 하고
자연발생적이라고도 하는 하늘을
가만 바라보는 가슴속에는
여전히 작은 떨림이 있다

태풍 그치다

고기압과 저기압 가진 자와 가지려는 자 그 긴장된 틈새에서 태풍의 눈이 반짝이다

사랑하려는 사람과 사랑 받으려는 사람 사이에 온대기류 흐르고 미워하는 사람과 미움 받는 사람 사이에는 분노가 꿈틀대다

하나, 시도 때도 모르던 거대한 질투도 저항 없으면 저 홀로 실명하는 것 칼날 하나 눕히면 맞닿은 두 가슴 사이에 따스한 새살 돋아 여물고

시력 교정

글쎄, 흐려 안 보이던 안경 버리고
동공을 덮도록 맞춘 렌즈 끼고 보니
아아, 너희들이었구나
내 밥공기 비우고 찬물 부어 놓고 간

빈 숟가락질 많아질수록 헛것이 보이고
눈 감으니 금방 깜깜해지누나
밤인가 보네, 그럼 자야지
밝음이 저승인지 어둠이 이승인지

모닝콜— 저 조그만 것도
임무 충실하느라 밤잠 안 자고,
(사실 내가 시킨 일이야 모두 내 책임이지)
초침은 분침보다 분침은 시침보다 바쁘구나
긴 시간도 나누고 보면 1초만 남는 것

밤새 잠 못 잔 부엉이의 눈알 동그랗고
동그란 렌즈 나도 눈에 낀 것이 우스웠지

한참 웃다 보니 눈동자가 뒤집혀졌는데
그래, 이제사 겨우 보이네그려
머릿속 주름 사이에 촘촘히 숨어 있던 생각까지도

들여다볼수록
참 하찮은 생각 덩어리가 무더기로 서려 있고
드문드문 좋은 생각 여린 새싹 같구나
렌즈로 세밀히 보길 정말 잘 한 일이다
시력 교정하는 것 소홀히 할 수는 없지
단 1초라도

물의 소리

그대가 밤새 가슴앓이했다 하니
내 잠은 아예 찾아오지도 않는다
소파가 푹 파인 만큼
그리움은 깊게 자국 나고
오지 않은 전화기의 수신음을 자꾸만 높여 본다

초여름 비를 맞으며 하얀 조명 아래서
밤중에도 푸른 우산 펼치며 춤추는
인간사와 무관심한 듯한 초목들도
하고픈 말이야 없으랴

한강물은 물거품을 달래노라 연방 흔들어 대지만
바다는 사연 더 많아 풍랑 거세므로
못다 한 말 가슴에 담고 흘러만 간다면
고요는 영영 멀다 했는데

녹는 소리든 끓는 소리든
물의 소리는 모두 제자리로 간다는 신호임을

낙수 한 방울 부서진 뒤
소리와 소리 사이의 적막으로 알고
전화기 전원 끄고 조용히 눈을 감는다

이 시대를 갈망하며

피가 멈춘다는 것과
숨이 멎는다는 것은
경계를 넘는 징조

남의 생명 구하려다
제 생명 놓아 버린 숭고한 영혼이
TV 속에서 질식해 있는데

멀리 앉은 내 가슴 왜
쓰리고 저릴까

젓가락 쥔 손도 떨린다
삼킨 음식도 식도에서 멈추고 있다 그러나
그대를 구할 수 없는 나는 슬프다

산 자들이
마음껏 왕래할 수 있도록
사상의 철조망 다 걷어 내고

숲속 공기같이 신선한 호흡
함께 들이마시게
어서 달려오너라

아, 갈망하는 그대와
내 피의 만남을 위해

이름값

내 이름
가슴에 적힌 뒤
글자를 알게 되었고

출석부에 적힌 뒤
군중 속 하나의 개체로
인정받았다

밥도 하루 세끼 먹고
어제 오늘 내일
세 번을 반복해서 산다

괘종시계가
딱 세 번만 울다 그친
가을밤

시를 읽다 보니
제목 아래 세 글자(간혹 두 글자, 네 글자도 있다)도

시의 1/3 정도로 구성되어 값을 따진다

제목 1/3, 이름 1/3
그 나머지를 의미 있게 하노라
썼다가 지운 흔적 마마 앓은 자국 같다

사람들은
서론 본론 결론 중
무엇을 가장 오래 기억할까

초승달도 그믐달도 보름달도 아닌
반달이
허공에서 차갑게 날 벼리고 있는데

억압

또 들이받는구나 그게 네 깊은 속에서 뭉클하게 참아 내지만 표면의 반응을 감출 수는 없다

난들 아픔이 없겠는가 바위는 뼛속으로 너의 항변을 받아들이는데 그 무슨 무쇠도 아닌 것이 감당하겠는가

먹 같은 밤에 너의 투신은 물거품이 되고 나는 서서 신음하고 실신한다 이를 어찌 파도의 노래라고 하겠느냐 눈물과 뼈가 부딪혀 으스러지는 소리인데 그 틈새에서도 시를 건져 내고 술잔도 찾고 담배연기도 거둔다

태종대 바위 아래선 파도와 바위의 격전이 한창인데 벼랑 위에 선 사람 되돌아간다 지칠 줄 모르는 파도의 공격에도 지구는 침묵으로 표리부동이다

시계가 운다

태엽이 감긴 만큼 풀어 가면서
푸는 만큼 살아가는 괘종시계
늘 구석에 서서 시간의 흐름을 바라본다

나비 같은 숟갈로 시계의 가슴에 밥을 주면
바늘 끝으로 똑같은 원을 그리며
내 삶의 시간도 갉아먹는다

태엽 다 풀리면
다음 밥 줄 때까지 침묵하며
시간을 가슴속에 품고 살라 한다

허공에도 수많은 원들이 돌아다니면서
시간을 거두어 간다
시계는 시간 속에서 간혹 땡 하고 운다

빈손

가진 사람들이
허물처럼 남긴
집 한 채

못 가진 사람은
못 남긴 것이
허물로 되는데

제 집 앞에
옷 한 벌 벗어 던진
저 뱀은 어디로 가나

비둘기

어제는 평화의 상징으로
먼 소식 전해 주던 하늘의 전령이더니
오늘은 발암물질 원인 제공자로
낙인찍힌 무리들

공원에서 서성이는 노인들의 벗이 되어 준
기쁜 나날 다 잊히고
두려운 울음으로 모이 한 알 얼른 물고
날개 움츠린 채 돌팔매 피해 다니는
철거민 신세라 할지라도

모이들 모두 사람 사는 데서
얻어먹은 것인데 배설물이 문제란다

진작 가려 먹을 것이지
배 속에 든 거 찍 싸고,
하얀 배설을 점검하는 검은 눈빛 애잔하다

고래

바닷속 제왕이라지만 수면으로 떠올라 하늘을 다 빨아들이듯 숨 쉬지 않으면 안 될 운명에 물속에서는 한 시간 깊은 잠도 잘 수 없는데 어찌 포근한 밤을 알랴 속마음 쏟아 내듯 물 뿜어내고 숨 한 번 들이켜는 태곳적 습관

사는 것이 익숙하다고 한다면 바다가 깨어 있듯 나 깨어 있으리 덩치 따라 아픔마저 큰 것은 아니겠지만 우리도 저마다 아픔 하나씩 가슴에 담고 있느니

털면 털수록 근심은 가벼워져 티끌만한 거 하나만 남기고 솔가지에 걸린 저 상큼한 바람 내 창가로 불러 고래처럼 나 잠들지 않고 숨 한번 크게 또 크게 들이 켜리

꽃의 그늘

꽃은 왜 울지 않는지 궁금하거든 장례예식장에 가보라 긴 세월 힘들게 했다면 그들은 더 이상 울지 않는다 믿음에 대한 실망이 클 때에도 그들이 그러한다

수근거리도록 해서도 빚지고 가서도 안 된다 그들은 수의에 실을 꿰어서라도 따라 간다 청정하게 살다 가면 눈물로 환송해 주고 옷깃도 움켜쥔다

울도록 해서는 안 되지만
앉았던 자리 말끔하게
치우고 갈 일이다

문상하러 온 꽃들의 죽음에는 죄의식 느낄 거 없다 죄라면 꽃보다 먼저 죽은 죄가 있을 따름이다

만우절

입 한번 열면 쏟아져 나오는 거짓말 거짓말
눈이 휘둥그레지도록 감당할 수 없는 거짓말
보이는 것보다 더 큰 속임수로 거짓말
반복의 일상에서 거짓도 참이 되는
처음도 끝도 없이 거짓말 거짓말

동안거

익은 벼들이 그러하듯
검은 씨앗으로 얼굴 가득 채운 해바라기도
깊이 고개 숙인 채
일제히 감사기도 올리는 가을 들녘
쓰다듬고 싶도록 곱다

씨앗들 땅에서 기어 나와 높이
한 번이라도 오르자 아등바등 마침내
기어오르는 그 자리

가서 내려다보니 문득 하늘은 가마득 더 높고
먼 고향 땅은 오라오라 너른 가슴 펼치고 기다리는데
하늘에도 땅에도 기도 가 닿도록 더 고개 숙이면

동안거 곧 시작되겠다

담쟁이

바늘잎만으로도
노송은 천 년 푸른데

비 맞은 담벼락을 감아 당기며
뻗어 가는 동물성 탐욕

—요지를 말하면,
금방 가을이겠다

떼 지어 동여맨 쟁의爭議의
붉은 띠 위로

고루 번지는
가을 햇살

꽃구경

몰래 가지 한 번 만졌다고 토라진 작약
꽃 삼 년 안 피우고 돌아서고
너 참 속도 없네, 농담 한 마디 한스러워
대나무는 계절 내내 댓잎 비비며 울더니
꽃 한 번 피우고는 집단 자살이다

꽃은 그래, 결심이 서면 주저 없지

떨어지는 꽃을 보며 우리들은
희희낙락 오징어 다리에 소주를 마신다
힐끗힐끗 꽃구경이 즐겁다고 한다
자살하는 꽃을 보며 우리들은
우담바라가 꽃이 아니라고 말한다
짧은 봄날
꽃구경은 차라리 잔인한 행락이다

모래톱

제 몸 부수어 만든 모래톱에 난자질 당하는 파도를

보고 하얀 조개 한 마리가 등을 반짝이며 모래밭에
혀를 묻다

창조의 길, 상생의 철학

김 재 홍

(문학평론가 · 경희대 교수)

1. 조 시인은 왜 시를 쓰는가?

조승래 시인은 대기업의 역량 있는 중역으로서 자신의 길을 당당히 걸어왔고 지금도 새로운 기업을 맡아 이끌어 가는 전문경영인으로 새 출발을 가다듬고 있는 분이다. 동시에 유수한 시 전문지에 정식으로 등단한 시인의 한 사람이기도 하다. 아울러 연전에 『몽고 조랑말』이라는 참신한 창작시집을 간행하기도 한 그가 이번 새해에 등단 후 첫 시집을 펴내고자 하여 관심을 끈다.

왜 그는 전문 경영인인데도 어찌 보면 욕심 사납게 시인의 길을 걸어가려는 것일까? 사실 기업 행위, 사업이란 이윤 창출을 목표로 하는 것이기에 진실 탐구를 생명이자 이상으로 하는 시작의 길과는 서로 다를 것이 분명하다. 그럼에도 그들은 기업이 경제적인 이윤 창출을 통해 물질적인 사회 환원과 인류 복지 증진을 궁극적 목적으로 하는 것처럼, 시도 정신적인 창조 행위를 통해 진실 탐구와 인간 구원의 길로 나아가려고 한다는 점에서는 서로 공통점을 지니는 것이 분명하다.

또한 기업 행위 또한 물질적인 면에서 부단히 새로운 상품과 시장을 개발함으로써 미지의 영역을 개척하고 확장해 나아가야 하는 것처럼 시창작 행위도 인간 정신의 신비하고 오묘한 경지를 탐색하고 그 깊이를 천착해 나아가는 창조의 길이기에 그 두 가지는 서로 창조 행위로서 근원적인 동일성 내지 유사성을 지닌다고 하겠다.

실상 큰 기업을 이룩하는 사업가도, 큰 정치를 펼쳐 가는 정치가나 혁명가도, 그리고 새로운 깨달음의 세계를 열어 가는 종교가나 사상가의 길도 그것이 궁극적으로는 시인으로 표상되는 예술가의 길과 근원적인 면에서는 하나도 다를 바가 없음이 분명하다.

이런 점에서 큰 사업을 창업한다거나 경영해 나아가는 데 있어서도 창조와 변혁의 정신으로서 시정신은 절실하면서도 당위적인 일이 아닐 수 없음이 자명하다. 이것이 아마도 조 시인이 그 어려운 사업가, 경영인의 길을 가면서도 부단히 시인으로서 고통과 형극의 길을 병행해 나아가고자 하는 뜻이 아니겠는가?

2. 인생론의 시, 극복과 초월의 시

조승래의 시는 기본적으로 삶의 탐구, 즉 인생론의 시로서 성격을 지닌다. 삶이란 무엇인가? 또한 인생이란 어떻게 사는 것이 바람직하고 가치 있는 것인가에 대한 탐구와 모색이 지속적으로 펼쳐지고 있는 것으로 이해되기 때문이다.

늦도록 밝으면
쑥 인절미 꽃무늬 생길 만치
보슬비 내리는 밤

날 새면 둥지 떠나보낼 아들 생각에
속옷 또 개며
논산행 기차표 만지작거린다

저 비에는
호미 들어야 하는 날인데

불 끄고 그만 자거라, 아들아
안쓰러운 에미 목소리
낮게 건너온다

예, 어머니 먼저 주무셔요
밝고 우렁차게 대답하는 아들
이미님 전 상서, 편지를 쓰고

땅속에는
겨우내 아무 일 없었던 듯

새순이 한 치 더 돋아나는

―「입영 전야」 전문

한마디로 조 시인의 시는 살아가는 과정으로서의 삶, 실존적인 삶에 관한 기록이면서 동시에 바람직한 삶, 가치 있는 삶에 대한 탐구를 바탕으로 한다. 인용시에서도 그렇지 아니한가. 자신의 입영 전야에 느끼고 생각한 안타까운 정감과 함께 가없는 모정에 대한 연민과 사랑의 감정이 담겨 있는 것이다. 말하자면 그의 시는 생의 기록이자 탐구이면서, 동시에 비망록이자 각서로서의 성격을 지닌다는 뜻이다.

"날 새면 둥지 떠나보낼 아들 생각에/ 속옷 또 개며/ 논산행 기차표 만지작거린다"와 같이 사랑하는 아들을 병영으로 떠나보내야 하는 안타까운 심정에도 "저 비에는/ 호미 들어야 하는 날인데"와 같이 농사일, 사는 일을 걱정해야 하는 어머니의 마음, 농심으로서의 모정이 아로새겨져 있는 것이다.

그렇지만 아들은 "예, 어머니 먼저 주무셔요/ 밝고 우렁차게 대답하는 아들/ 어머님 전 상서, 편지를 쓰고"와 같이 미련과 두려움을 떨치고 오히려 어머니를 위로하면서 "땅속에는/ 겨우내 아무 일 없었던 듯/ 새순이 한 치 더 돋아나는" 새로운 극복 의지와 출발 의지를 스스로 다짐함으로써 실존의 어려움을 이겨 내려 한다는 점에서 이 시의 인생론적 성격을 분명히 해 준다고 하겠다.

이러한 삶에 관한 탐구와 극복 의지는 다음 시에서 더욱 구체적으로 나타나서 관심을 끈다. 그것은 수난과 역정으로서의 삶에 대한 인식이면서 동시에 그러한 어려움을 이겨 내고자 하는 생의 의지의 발현이다.

> 처음부터 나는 워낭 하나 달고 길들여졌다 다른 워낭은 절대 달지 않고 한 워낭만 고집하며 내 존재를 댕강댕강 입력해 왔다 워낭은 내 주민등록증이다 도살장에 갈 때까지 나는 죽자고 한 워낭을 달고 소리를 조율하는 것이다 워 워어! 서야 할 자리에서 나는 서야 하고 이랴! 가야 할 때 나는 가뿐하게 가지만 내 생의 일기는 절대 긍정으로만 끝나지 않았다 외양간에서거나 작업장에서거나 나는 늘 내 임금만큼 꾸벅거리며 소리로 내 뜻을 알리지만 단 하나 그 소리는 저울의 눈금에서 나는 소리가 아니다 언제인가 장꾼도 다 떠나간 쓸쓸한 내 생의 우시장 한 모퉁이
>
> 누가 나를 대신하여 피 묻은 워낭 소리 하나 수습하리
>
> —「내 생의 워낭 소리」 전문

이 시는 시인 자신의 삶에 대한 각서 또는 좌우명의 성격을 지닌다. 이 시에는 시인 자신의 삶의 모습이 투영돼 있으면서도 또한 그렇게 소처럼 우직하고 성실하며 정직하게 지절과 일관성을 지니고 한세상 살고 싶다는, 살아가겠다는 소망과 다짐을 담고 있는 것으로 해석되기 때문이다. "다른 워낭은 절대 달지 않고 한 워낭만 고집하며 내 존재를 댕강댕강 입력해 왔다 워낭은 내 주민등록증이다 도살장에 갈 때까지 나는 죽자고 한 워낭을 달고 소리를 조율하는 것이다"라는 구절이 그것이다. 아울러 "워 워어! 서야 할 자리에서 나는 서야 하고 이랴! 가야 할 때 나는 가뿐하게 가지만 내 생의 일기는 절대 긍정으로만 끝나지 않았다"라는 구절 속에는 주어진 삶, 운명

의 길로서 노동하는 삶에 대한 긍정이 담겨 있으면서도 그것으로 끝나지 않고 그러한 운명과 현실을 참고 이겨 나아가겠다는 극복의 의지가 담겨 있는 것으로 이해된다. 운명의 삶, 인고의 삶을 살아가지만 그에 머물지 않고 성실하고 우직하게 또 치열하게 살아감으로써 생의 극복과 초월을 이루어 내고 싶다는 초인übermensch에의 의지를 담고 있다는 뜻이다.

이와 함께 "누가 나를 대신하여 피 묻은 워낭 소리 하나 수습하리"라는 결구는 고통과 수난, 시련과 인내 속에서 치열하게 자신을 극복해 온 외로운 한 인간의 고독과 허무를 발견하고 스스로 구원을 성취하고자 하는 갈망과 비원을 담고 있다고 하겠다.

이처럼 조 시인의 시에는 인생론적인 탐구 속에서 소처럼 살아가는 자신의 삶을 되새김질하면서 스스로를 일으켜 세우고자 하는 극복과 초월의 정신이 깃들어 있음을 본다.

3. 흙의 사상 또는 생명력 회복의 꿈

그러기에 조 시인의 시에는 어머니와 그 상징으로서 흙, 즉 대지적인 사랑에 대한 갈망과 지향 그리고 생명에 대한 꿈이 지속적으로 펼쳐진다.

봄이 또 왔어요
하늘에는 종달새가 조잘거리고

땅속에는 생명들이 기지개를 펴고 있어요

흙이 제 몸에 박힌 얼음 녹이고
포실포실 펼쳐서 겨우내 머물렀던
여린 싹 뾰족뾰족 숨 쉬도록 해 주네요

어머니 가꾸시던 그 텃밭에서
해마다 돋아나는 새 이파리 싱그럽고
뻐꾸기 울음소리 붉게 메아리치더니
그리움 묻은 바람 한 줄기
풀 내음 타고 오네요

아, 어머니도 함께 오셨군요
그리워 고향 땅에
봄나들이 오셨군요

—「봄나들이」 전문

시집에서 어머니는 땅(흙)과 고향, 그리고 새와 풀, 그리고 봄과 함께 동심원을 이루며 전개된다. 어머니는 바로 모성으로서 대지를 뜻하며 그것은 풀과 나무, 새 등 뭇 생물들이 살 수 있는, 살아가야 하는 생명의 공간으로서 상징성을 지닌다. 그러기에 그것은 물의 이미저리와 자연스럽게 연결되며, 그것은 생명과 생명력에 대한 표상성으로 제시된다.

봄이란 무엇이던가? 한마디로 생명이 싹트고 살아나며 꽃피우며 성상해 가는 생명력의 상징으로 이해할 수 있지 않겠는가. 봄은 어머니와 마찬가지로 생명의 상징으로서 부활과 소생, 성장과 개화로서 생명력을 확장하고 심화해 가는 계절

이기 때문이다.

① 주림과 억압 속에
사지가 뒤틀려도

무거운 꽃 한 송이
유언처럼 남기리

아름다운 햇살
남아 있는 한

대지를 향한 꿈
잃지 않으리

—「분재」 전문

② 검은 소
밤새 되새김질이다

날 새자
먹은 풀 온몸에 다시 돋아
구름 풀어 놓다

산새
들락날락해도
웃기만 하더니

노을 속에 워낭 흔들며
밤을 향해 뚜벅
뚜벅
걸어가고 있다

—「산」 전문

인용한 시 ①에서 이러한 생명에의 꿈 또는 생명력에 대한 갈망과 동경은 꽃과 햇살 그리고 대지와 꿈으로서 표상되어 나타난다. 생명이 싹트고 개화하는 것, 그리고 나아가서 열매 맺고 다시 떨어져 썩고 부활하는 생명의 순환 그것은 실상 엄숙한 생명의 원리이고 대자연, 우주의 섭리가 아니겠는가? 말하자면 "무거운 꽃 한 송이/ 유언처럼 남기리// 아름다운 햇살/ 남아 있는 한// 대지를 향한 꿈/ 잃지 않으리"라는 구절을 통해서 어머니와 대지로서 흙의 사상 또는 생명력 회복의 꿈을 펼쳐 보여 주고 있다는 뜻이다.

시 ②에서는 다시 '소'가 등장하여 그러한 흙으로서 대지 사상 또는 생명력 회복의 꿈을 노래한다. "검은 소/ 밤새 되새김질이다// 날 새자/ 먹은 풀 온몸에 다시 돋아/ 구름 풀어 놓다"라는 구절이 그것이다. 산의 이미저리를 담아낸 소가 풀과 새, 그리고 구름, 노을 등의 대지심상과 연결되면서 그러한 대지 어머니로서 흙의 사상과 대지적 생명력 회복의 꿈을 수채화처럼 풀어내고 있는 것이다. "먹은 풀 온몸에 다시 돋아/ 구름 풀어 놓다// 산새/ 들락날락해도/ 웃기만 하더니" 라는 구절 속에는 이러한 건강한 흙의 사상 또는 생명력 회복의 꿈이 아지랑이처럼 아롱지고 있는 것으로 해석된다.

4. '깨달음의 시'와 평등사상의 한 모서리

이번 시집은 기본적으로 인생론에 대한 시편들이라는 성격을 띠기 때문에 삶에 대한 성찰 또는 생의 본질과 현상에 대한 사색이 지속적으로 펼쳐지는 게 특징이다. 말하자면 스스로의 삶에 대한 반성적 성찰과 발견 및 깨달음에 비중을 두며 전개된다는 뜻이 되겠다.

개똥밭에 굴러도 이승이 좋다는 말
꼭 옳다고 할 수 없어요

모든 생은 무한궤도처럼 돌고 있으므로
비록 이승을 짧게 머물다
저승으로 넘어가더라도
이승과 저승의 합을 한생이라 해요

하루살이의 하루 산 이승의 삶과
거북의 천 년 산 이승의 삶으로
누가 더 오래 살았다 할 수 있으리
저승의 삶을 합해야만 정답이고
그래서 삶의 길이 모두 공평한 것

어려운 것은 저승의 셈법,
1, 2, 3, 4 아날로그 셈법으로는
어림도 없이 어려운 것이라서

그 합산을 못 끝낸 가엾은 아버지,
어머니 셈 도우시러 기시곤
아직 못 오시는군요

아 아버지, 어떻게 하는 산술인지

먼저 가신 분들에게 좀 물어보셔요

해가 뉘엿뉘엿 지고 있는 이 여름날
잠깐 좀 다녀가셔요 저에게
이승에서 빼어야 할 날이 얼만지
좀 알려주셔요

어려워 까마득한 저어기 그리운 이들의
셈법은 아예 시작도 안 하려고요
이승의 뺄셈을 날마다 기쁜 날로 환산하면
덧셈이 된다는 것
이것 지금 알려 주려고요

—「생의 셈법」 전문

이 시는 삶과 죽음에 대한 깊이 있는 성찰을 담고 있어서 주목을 환기한다. 흔히 일반적 사유에 있어 생과 사의 인식은 선조적인 구조linear structure로 받아들여진다. 다시 말해 살고 나서 죽음, 즉 이승 다음에 저승으로 이어진다는 선線적 구조로 받아들여지는 게 보편적이다. 그런데 이 시는 "모든 생은 무한궤도처럼 돌고 있으므로/ 비록 이승을 짧게 머물다/ 저승으로 넘어가더라도/ 이승과 저승의 합을 한생이라 해요"와 같이 생사일여, 즉 삶과 죽음이 하나이며 하나여야 한다는 입체적 구조인식round character을 보여 준다는 점에서 특이하다고 하겠다. 말하자면 삶이나 죽음은 함께 있는 것, 삶이라는 전체성 속에는 죽음도 함께 포괄되는 것이라는 근대적 죽음 의식을 보여 주는 것이 특징이다. 어찌 보면 이것은 생사일여를 넘어서서 모든 인간은 삶과 죽음 앞에서 평등하며 평등해야 한다는 평등의 세계관을 보여 주는 것으로 해석된다는 점에서 주목을 환기한다. 그러기에 "개똥밭에 굴러도 이승이 좋다는 말/ 꼭 옳다고 할 수 없어요"라는 반성적 사유가 개재될 수 있는 것이다.

따라서 "하루살이의 하루 산 이승의 삶과/ 거북의 천 년 산 이승의 삶으로/ 누가 더 오래 살았다 할 수 있으리"와 같이 생명평등사상 또는 만물평등사상을 당당하게 펼쳐 갈 수 있게 됨은 물론이다. "저승의 삶을 합해야만 정답이고/ 그래서 삶의 길이 모두 공평한 것"이라는 평등사상의 한 모서리를 극명하게 제시하게 된다는 뜻이다.

그러고 보면 실상 돌아가신 부모님의 한평생도 마찬가지가 된다. 비록 빈부귀천, 생사완급이 있는 것이 실존의 현상적 모습이라고 하더라도 궁극에 이르러서는 만법귀일로서 하나로 수렴되고 합치돼 갈 수밖에 없는 것이 만상의 생명법칙이고 우주의 운행원리라고 할 수 있다는 뜻이다.

그러기에 "이승의 뺄셈을 날마다 기쁜 날로 환산하면/ 덧셈이 된다는 것/ 이것 지금 알려 주려고요"라는 결구처럼 모든 인생은 결국 '+, −' 하고 나면 '0 인생' 이 되고 만다는 만물평등의 원리, 인생무상의 평등원리가 선명하게 대두된다.

사실 세상만물, 모든 생명들에 있어서 세상을 재는 자[尺]는 그 생명 또는 사물로부터 나와야 하는 것이 원칙이고 당위적인 일에 해당한다.

이러한 만물평등의 사상, 생명평등의 철학이야말로 시인이 한세상 열심히, 치열하고 성실하게 사는 과정에서 스스로 깨친 진정한 깨달음이자 생철학의 한 반영이라는 점에서 의미를 지닐 것이 분명하다.

5. 무소유 또는 상생의 시학을 향하여

그런데 조 시인의 시집을 좀 더 주의 깊게 읽어 나아가노라면 시인 특유의 자연 관조 속에 무소유의 시학을 담아내고 있다는 점을 발견할 수 있어 주목된다.

어두움에 찌든 황혼이
끌려가듯 넘어간 뒤
적막 속을 선회하던 깃털 하나 툭
떨어진 연못에서
놀란 얼굴이 젖은 채 솟아오른다

황망히 먼 길 가는 모습에
갑작스런 부음 받은 듯
물결은 한참을 떨었고
유유자적하던 구름도
멋쩍은 듯 길을 비켜 준다

오기 전부터 먼저 자리를 양보하며
한자리에 머무르길 거부하는
해와 달의 끝없는 무소유 정신
둥글고 밝다

—「해와 달」 전문

이 시에는 해와 달의 순환 · 교차 속에서 무소유와 상생의 시학이, 무소유의 철학이 자연스럽게 형상화돼 있는 것으로 이해된다. 해가 지면 달이 뜨고, 달이 지면 다시 해가 뜨는 것은 당연한 우주 순환 원리에 해당한다. 그런데 시인은 이 평범한 자연의 순환 원리 속에서 왜 우리가 마음을 비우고 상생의 정신으로 살아가야 하는지, 그것이 왜 우주의 섭리에 순응하며 살아가는 바람직한 삶의 길인지에 대한 사색을 보여 주고 있는 것이다.

특히 "오기 전부터 먼저 자리를 양보하며/ 한자리에 머무르길 거부하는/ 해와 달의 끝없는 무소유 정신/ 둥글고 밝다"라는 이 시의 결구는 밤과 낮의 교차라고 하는 우주의 순환원리를 통해 인간이 어떻게 사는 것이 바람직한 것인지에 대한 깊이 있는 깨달음을 담고 있다는 점에서 주목에 값한다. 사실 오늘날 우리 현대인은 얼마나 탐욕과 성냄과 어리석음의 감옥에 갇혀 허우적거리며 살아가고 있는가? 남의 것을 탐하고 빼앗으며, 심지어는 남의 고귀한 생명까지도 해치는 그런 아수라의 삶이 바로 오늘날 삶의 모습 그것이 아니던가? 이 점에서 시인은 고함치거나 과장하지 않고 조용조용하게 우리가 어떻게 스스로 마음을 비우고 서로 양보하고 이해하며, 생명을 존중하고 협동하면서 살아가야 한다는 비움의 정신, 상생의 철학을 일깨워 주고 있는 것이다.

실상 이러한 비움의 정신으로서 무소유의 철학은 그대로 시인 특유의 생명평등과 상생의 철학을 보여 주는 게 아닌가 여겨진다.

해와 달은 서로 상보적 관계에서 지상의 밤과 낮을 밝혀 줌으로써 지상의 모든 생명들, 특히 인간의 삶을 조화롭게 전개해 가게 하는 원동력으로서 작용하며 존재한다. 이러한 해와 달의 상생적 운행원리 속에서 시인은 평등의 사상과 함께 충만과 소실, 채움과 비움의 원리를 깨닫고 그것이 바로 비움과 상생으로서 삶의 길, 생명의 길임을 제시하고 있는 것이다.

맺음말—지혜의 길, 자유에의 길

그러고 보면 조승래의 시는 일견 평범한 듯하면서도 그 속에 고요한 깨달음의 길, 지혜의 길을 일러 주고 있다는 점에 의미를 지닌다. 그의 시는 시어 면에서도 그렇지만 시상 전개 및 구성 원리에 있어서도 지나치리만큼 소박하고 단순하다는 점이 한 특색이라면 특색이다.

그러기에 얼핏 보면 상식적인 시, 그저 그런 시 같지만 자세히 읽어 보면 깊은 깨달음과 지혜를 탐구하고 있음을 발견할 수 있다.

가진 사람들이
허물처럼 남긴
집 한 채

못 가진 사람은
못 남긴 것이

허물로 되는데

제 집 앞에
옷 한 벌 벗어 던진
저 뱀은 어디로 가나

—「빈손」 전문

지상에서의 삶이란 무엇이던가? 그것은 육체와 정신, 물질과 영혼의 갈등 과정, 또는 존재와 무, 소유와 존재의 격투 과정이라고 말해 볼 수는 없을 것인가?

그런데 시인은 이러한 면에서 날카롭고 섬세하게 깨달음의 길, 지혜의 길을 열어 가고 있다는 점에서 관심을 끈다.

그렇다! 우리는 세상살이에서 물질과 욕망의 감옥에 갇혀 '참 나' 의 길, 지혜의 길을 제대로 가지 못하고 있는 것이 사실이다. 흔한 말로 교환가치와 소유욕에 눈이 어두워 진정한 존재가치, 자유로운 정신, 지혜로운 영혼의 길을 가지 못하고 있지 않은가 말이다. 그런 점에서 시인은 '뱀' 한 마리의 모습에서 그러한 지혜의 길, 자유에의 길을 배운다. 사람들은 어리석어 빈부 · 귀천에 갇혀 한평생을 일에 시달리고 사람에 끄달리며 살아간다. 그런데 그런 인간의 삶을 비웃기라도 하듯 '뱀' 은 소유의 상징인 집도 버리고 욕망의 표상인 옷도 훌훌 털어 버림으로써 깨달음의 길, 자유에의 길을 당당하고 지혜롭게 가고 있지 않은가!

조 시인이 지속적인 분발과 정진을 통해 시인으로서 성공적인 삶의 길을 걸어가기를 희망한다.